AF162379

Bibliografische Information der Deutschen Nationalbibliothek:
Die Deutsche Nationalbibliothek verzeichnet diese Publikation
in der Deutschen Nationalbibliografie; detaillierte bibliografische
Daten sind im Internet über www.dnb.de abrufbar.

© 2014 Marcel Rau und Björn Laackmann
Herstellung und Verlag:
BoD-Books on Demand, Norderstedt

ISBN: 978-3-7357-5652-7

Das Burger-Buch
100 Prozent Hackrezepte

von Marcel Rau und Björn Laackmann

Inhaltsverzeichnis

Vorwort	5
10 Tipps für gute Burger	6
Klassischer Cheeseburger	9
BLT-Burger	11
Asia Burger	13
Calvados-Apfel-Burger	15
Fitness-Burger	17
Mexican Style Burger	19
Oktoberfest Burger	21
Exkurs: Hackfleisch	22
Hamburger Hawaii	25
Italienischer Pesto-Burger	27
Klassischer Hamburger	29
Burger „Fromage & Poire"	31
Tapas-Burger	33
Chili-Cheeseburger	35
Exkurs: Burger Buns	37
Low-Carb-Burger	39
Hamburger „Koh Samui"	41
Spaghetti-Burger für Kids	43
Italian-Ciabatta-Burger	45
Bacon-wrapped Burger	47
Manchego y Chorizzo	49
Wildburger	51
Exkurs: Saucen	53
Mayonnaise	54
Chili-Cheese-Sauce	55
Ketchup	56
Sweet-Chili-Sauce	57
Pesto Verde	58
Aioli	59

Liebe Burger-Freunde,

wir haben in den letzten Tagen, Wochen und Monaten unzählige Burger kreiert, Buns gebacken und Saucen angerührt. Die Auswahl ist uns nicht leicht gefallen, doch wir präsentieren hier unsere Top 20 Rezepte der besten Burger.

Außerdem finden Sie in diesem Buch einige Exkurse: das beste Rezept für selbstgebackene Buns, Wichtiges zum Thema Hackfleisch und Rezepte für sämtliche Saucen, die in diesem Buch verwendet werden. So hoffen wir sowohl den Burger-Fans gerecht zu werden, die den schnellen Erfolg mit gekauften Buns und Fertigsaucen suchen, als auch denjenigen, die komplett auf Handarbeit setzen. Und auch wenn der Kreativität bei den Pattys keine Grenzen gesetzt sind, so haben wir uns auf die Königsdisziplin, Pattys aus Hackfleisch, konzentriert. Wie der Titel schon sagt: 100 Prozent Hackrezepte.

Alle Fotos stammen von uns. Ohne Bildbearbeitung und ohne die üblichen Tricks von Foodstylisten. Somit sehen unsere Burger genauso aus, wie Ihre aussehen werden. Und wenn Sie selbst tolle Burger-Rezepte haben, dann besuchen Sie bitte im Internet www.hackrezepte.de und teilen Sie diese mit uns. Wir freuen uns auf Sie, Ihre Kommentare und auf jede Ihrer Kreationen!

Viel Spaß und guten Appetit wünschen Marcel Rau und Björn Laackmann

10 Tipps für gute Burger

Tipp 1: Hackfleisch

Die Qualität der Pattys ist für das Burger-Ergebnis maßgebend. Hier sollte nie gespart werden. Das Hackfleisch aus der SB-Theke führt im Vergleich zu dem vom Metzger zu einem deutlich schlechteren Bissgefühl.

Tipp 3: Weniger ist mehr

Köche, die eigene Burger kreieren, neigen häufig dazu, diese mit allem zu belegen, was sie selbst mögen. Diese Burgertürme sind dann allerdings meist aufgrund ihrer Höhe nicht mehr angenehm essbar. Durch die Masse an Zutaten verlieren sie zudem ihren Charakter. Bei Burgern gilt, wie fast immer beim Kochen, weniger ist mehr!

Tipp 5: Salate

Verdorben durch die Fast-Food-Ketten, neigen wir dazu, den Salat nur als notwendiges Beiwerk zu betrachten. Das Gegenteil ist der Fall. Der Salat ermöglicht uns Burgern zusätzliche Geschmacksnuancen mitzugeben, die sie dann unvergesslich machen: sei es nussiger Feldsalat, leicht bitterer Ruccola oder knackiger Eisbergsalat. Ausprobieren lohnt sich!

Tipp 2: Aufgeweichte Buns

Um das Aufweichen der Buns zu vermeiden, gibt es einen einfachen Trick. Hierbei werden die Schnittseiten der Buns leicht mit Öl bestrichen und die Buns im Ofen oder auf dem Grill kurz gebacken. So wird die Schnittfläche etwas trockener und die Saucen ziehen nicht so stark in die Buns ein.

Tipp 4: Käse

Vielen Köchen widerstrebt es, günstigen Käse wie Chester zu verwenden. Allerdings ist dieser Käse die absolute Empfehlung in der Szene für gute Burger. Trotzdem gilt: Bei allen Rezepten, die Ziegenkäse, Parmesan oder Ähnliches verwenden, sollte nicht an der Qualität gespart werden.

Tipp 6: Verformte Pattys

Besonders selbst geformte Pattys mit einem Gewicht von unter 200 Gramm neigen dazu, sich in der Pfanne zu verformen und in der Mitte dick zu werden. Zwei Wege verhindern dies. Entweder man lässt die geformten Pattys in der Tiefkühltruhe 15 Minuten anfrieren und brät sie dann, oder man drückt vor dem Braten in die Mitte der Pattys eine kleine Vertiefung.

Tipp 7: Luftige Pattys

Die Angst, ein Patty könnte zerfallen, treibt viele Burgerköche dazu, das Hackfleisch so stark zu pressen, dass es zu einem dichten Klumpen wird. Hier gilt es Fingerspitzengefühl zu entwickeln. Gute Pattys sind luftig.

Tipp 8: Brötchen

Hier ist Kreativität gefragt. Klar, der Klassiker sind natürlich selbst gebackene Buns, aber auch viele andere Brötchen laden zu interessanten Experimenten ein. Von Laugenbrötchen über Ciabatta bis hin zu Brioche ist alles erlaubt was schmeckt. Allerdings sollten die verwendeten Brötchen eher weich sein, sonst leidet das Burger-Erlebnis.

Tipp 9: Abschmecken

Viele Burgerfans möchten rohes Hackfleisch nach dem Würzen aus hygienischen Gründen nicht probieren. Das ist auch kein Problem: Um dennoch abschmecken zu können, nimmt man einen Teelöffel des gewürzten Hackfleischs und brät dieses kurz in der Pfanne durch. Nun lässt sich das fertige Fleisch probieren und wenn nötig nachwürzen.

Tipp 10: Hackrezepte.de

Auf www.hackrezepte.de warten viele weitere Burgerkreationen auf hungrige Internetnutzer. Auch andere Rezepte mit Hackfleisch laden zum Kochen ein. Immer wieder reinschauen lohnt sich bestimmt!

Klassischer Cheeseburger

Zutaten für einen Burger

200 g Rinderhackfleisch
1 Burgerbrötchen
2 EL Ketchup
2 Scheiben Chester
2 Blätter Frisée-Salat
Salz und Pfeffer

Zubereitung

Das Hackfleisch mit Salz und Pfeffer abschmecken und in Form pressen. Anschließend in einer beschichteten Pfanne von beiden Seiten braten. Kurz bevor das Patty fertig ist, die zwei Chester-Scheiben darauf verteilen. Währenddessen das Burgerbrötchen aufschneiden und aufbacken.

Anschließend die Unterhälfte mit dem Ketchup bestreichen und mit den Salatblättern belegen.

Das überbackene Patty auf die vorbereitete Unterhälfte legen, mit der Oberhälfte bedecken und genießen.

BLT-Burger

Zutaten für einen Burger

200 g Rinderhackfleisch
1 Burgerbrötchen
1 Tomatenscheibe
3 Scheiben Speck
2 Blätter Frisée-Salat
2 EL Ketchup
Salz und Pfeffer

Zubereitung

Das Hackfleisch mit Salz und Pfeffer abschmecken und zu einem Patty formen. Anschließend in einer beschichteten Pfanne von beiden Seiten braten. Den Speck ebenfalls in einer Pfanne braten und kurz bevor er knusprig wird entnehmen. Währenddessen das Burgerbrötchen aufschneiden und aufbacken.

Anschließend die Unterhälfte mit dem Ketchup bestreichen und mit den Salatblättern belegen.

Das Patty auf die Unterhälfte geben, mit dem Speck und der Tomatenscheibe belegen und mit der Oberhälfte bedecken.

Asia-Burger

Zutaten für einen Burger

1 Burgerbrötchen
200 g Geflügelhackfleisch
1/2 Handvoll Sprossen
2 Blätter Frisée-Salat
1 EL gehackter Koriander
1 EL Limettensaft
1 EL Sesamöl
2 EL Sweet-Chili-Sauce
Salz und Pfeffer

Zubereitung

Das Hackfleisch mit Salz und Pfeffer würzen und zu einem Patty formen. Dann das Patty in einer beschichteten Pfanne von beiden Seiten braten und durchgaren. Währenddessen den Koriander, den Limettensaft und das Sesamöl zu einem Dressing verrühren und mit Salz und Pfeffer abschmecken.

Anschließend die Sprossen mit dem Dressing mischen.

Das Brötchen aufbacken. Nun die Unterhälfte des Brötchens mit der Sweet-Chili-Sauce bestreichen und mir dem Frisée-Salat belegen. Dann das Patty und die Sprossen darauf geben und mit der oberen Brötchenhälfte bedecken.

Calvados-Apfel-Burger

Zutaten für einen Burger

125 g Geflügelhackfleisch
1 Burgerbrötchen
4 cl Calvados
3 Apfelscheiben
5 Scheiben Ziegenkäse
2 Blätter Frisée-Salat
1 Prise Zucker
1 EL Sonnenblumenöl
2 EL Ketchup

Zubereitung

Das Geflügelhackfleisch mit Salz und Pfeffer würzen und zu einem Patty formen. In einer beschichteten Pfanne das Patty von beiden Seiten braten und kurz vor Ende der Garzeit mit dem Ziegenkäse belegen, sodass dieser zu schmelzen beginnt. In einer zweiten Pfanne das Öl erhitzen, die Apfelscheiben für zwei Minuten von jeder Seite braten. Den Zucker hinzugeben und direkt mit dem Calvados ablöschen. Dann das Brötchen aufschneiden, aufbacken, die Unterhälfte mit dem Ketchup bestreichen und mit Salat und Patty belegen. Nun die Apfelscheiben darauf geben und mit der Oberhälfte des Brötchen bedecken.

Fitness-Burger

Zutaten für einen Burger

1 weiches Vollkornbrötchen
125 g Rindertatar
2 Blätter Radicchio
einige Blätter Feldsalat
1 Tomatenscheibe
1/2 Handvoll Sprossen
2 EL gehackte Petersilie
2 EL Salatcreme
1 EL Sonnenblumenöl
Salz und Pfeffer

Zubereitung

Das Tatar mit Salz, Pfeffer und Petersilie abschmecken. Dann zu einem Patty formen und in einer beschichteten Pfanne mit dem Öl scharf von beiden Seiten anbraten und wieder aus der Pfanne nehmen. Das Tatar muss absolut frisch sein, da es nicht durchgebraten wird.

Das Brötchen aufschneiden und die Unterhälfte mit der Salatcreme bestreichen. Erst die Salate, dann das Patty und schließlich die Sprossen darauf geben. Dann mit der Oberhälfte des Brötchens bedecken.

Mexican Style Burger

Zutaten für einen Burger

125 g Rinderhackfleisch
1 Burgerbrötchen
2 Scheiben Chester
2 Blätter Frisée-Salat
1/4 Avocado
1/2 Tomate (fein gewürfelt)
2 TL Saure Sahne
1 TL Zitronensaft
1 EL Crème fraîche
Salz und Pfeffer

Zubereitung

Das Fleisch der Avocado auslösen und mit der Sahne, dem Zitronensaft, der gewürfelten Tomate, etwas Salz und Pfeffer zu einer cremigen Guacamole verrühren.

Das Hackfleisch mit Salz und Pfeffer würzen und zu einem Patty formen. Anschließend in einer beschichteten Pfanne von beiden Seiten braten. Kurz vor Ende der Garzeit den Chester auf das Patty geben und anschmelzen lassen.

Das Burgerbrötchen aufschneiden, aufbacken und die Unterhälfte mit Crème fraîche bestreichen. Nun den Salat, das Patty und die Guacamole darauf geben und mit der Oberhälfte bedecken.

Oktoberfest Burger

Zutaten für einen Burger

125 g Rinderhackfleisch
1 Laugenbrötchen
einige Blätter Feldsalat
3 EL Krautsalat
1 EL süßer Senf
1 EL Mayonnaise
Salz und Pfeffer

Zubereitung

Das Hackfleisch mit Salz und Pfeffer würzen und zu einem Patty formen. Dann das Patty in einer beschichteten Pfanne von beiden Seiten anbraten und durchgaren. Senf und Mayonnaise miteinander verrühren und mit Salz und Pfeffer abschmecken.

Die Unterhälfte des Laugenbrötchens mit dem Senf-Mayonnaise bestreichen. Nun den Feldsalat, das Patty und den Krautsalat darauf geben und mit der Oberhälfte des Brötchens bedecken.

Exkurs: Hackfleisch

Neben den Saucen und Buns ist das Fleisch der Burger entscheidend. Gemischtes Hackfleisch hat auf dem Burger übrigens nichts verloren. Klassische Pattys werden aus Rindfleisch geformt. Wichtig sind Frische und Qualität, aber auch der Fettgehalt.

Hackfleisch muss unbedingt am Tag des Kaufs verarbeitet werden. Zwar wird auch eingeschweißtes Hackfleisch in SB-Theken angeboten, das sich einige Tage hält, doch frisches Hackfleisch vom Metzger des Vertrauens ist immer vorzuziehen. Der Qualitätsunterschied ist gravierend.

Oder Sie drehen Fleisch durch den Wolf und produzieren Ihr Hack einfach selbst. Dafür benötigen Sie dann allerdings wieder hochwertiges Rindfleisch vom Metzger. Der Fettgehalt des Fleischs liegt im Idealfall bei rund 20 Prozent. Metzger helfen gewiss gerne bei der Auswahl des richtigen Fleischs.

Das gewolfte Fleisch benötigt nur Salz und Pfeffer. Eine Abwandlung mit Zwiebeln, Chili oder Knoblauch ist in Spezialrezepten möglich, sollte aber nicht die Regel sein. Beim Patty ist weniger meist mehr.

Auch die Beimischung von Soja- oder Teriyaki-Sauce hat sich in den letzten Jahren bei den Burger-Fans mehr und mehr verbreitet. Allerdings bestehen diese zu einem großen Teil aus geschmacksverstärkenden Substanzen wie Glutamat oder Hefeextrakt. Ein guter Burger sollte darauf verzichten können.

Beim Formen der Pattys gibt es verschiedene Methoden: Die einen schwören auf Burgerpressen, die in großer Zahl von verschiedenen Firmen angeboten werden. Die anderen formen ihre Pattys von Hand. Allerdings stößt die Burgerpresse schnell an ihre Grenzen, wenn Buns in ungewöhnlichen Formen verwendet werden und die Pattys nicht rund sein sollen.

Die geformten Pattys sollten etwa 1 bis 1,5 Zentimeter dick sein.

Egal ob per Hand oder Burgerpresse: Wichtig ist, dass das Hackfleisch nicht zu stark zusammengepresst wird. Das fertige Patty sollte kompakt sein und nicht zerfallen. Aber es sollte auch luftig bleiben und ein angenehmes Bissgefühl bieten.

Hamburger Hawaii

Zutaten für einen Burger

125 g Rinderhackfleisch
1 Burgerbrötchen
1 Scheibe Chester
1 Scheibe Ananas
2 Blätter Frisée-Salat
1 EL Ketchup
1 EL Mayonnaise
Salz und Pfeffer

Zubereitung

Das Hackfleisch mit Salz und Pfeffer würzen, dann zu einem Patty formen. Das Patty in einer beschichteten Pfanne von beiden Seiten braten. Anschließend mit einer Scheibe Ananas und dem Chester belegen und im vorgeheizten Backofen bei 180° C überbacken. Das Brötchen aufschneiden und aufbacken. Anschließend die Unterhälfte mit dem Ketchup, die Oberhälfte mit der Mayonnaise bestreichen.

Erst die Salatblätter, dann das Patty auf die Unterhälfte geben und mit der Oberseite bedecken.

Italienischer Pesto-Burger

Zutaten für einen Burger

200 g Rinderhackfleisch
1 Burgerbrötchen
2 Scheiben Mozzarella
2 Scheiben rote Zwiebel
12 Blätter Ruccola
3 EL Pesto Verde
2 EL Salatcreme
Salz und Pfeffer

Zubereitung

Das Hackfleisch mit Salz und Pfeffer würzen und zu einem Patty formen. Dann das Patty in einer beschichteten Pfanne von beiden Seiten braten. Kurz vor Ende der Garzeit den Mozzarella auf das Patty geben und leicht schmelzen lassen.

Währenddessen das Brötchen aufschneiden, aufbacken und mit der Salatcreme bestreichen. Nun erst mit dem Ruccola, dann mit dem Patty und den Zwiebeln belegen. Das Pesto Verde großzügig darauf verteilen und mit der Oberhälfte des Brötchens bedecken.

Klassischer Hamburger

Zutaten für einen Burger

200 g Rinderhackfleisch
1 Burgerbrötchen
2 Friseé-Salat
2 Scheiben rote Zwiebel
2 EL Ketchup
Salz und Pfeffer

Zubereitung

Das Hackfleisch mit Salz und Pfeffer würzen und zu einem Patty formen. Dann in einer beschichteten Pfanne von beiden Seiten braten.

Währenddessen das Burgerbrötchen aufschneiden und aufbacken.

Die Unterhälfte mit dem Ketchup bestreichen und mit dem Salat belegen. Dann das heiße Patty darauf geben, mit den Zwiebelscheiben belegen und mit der Oberhälfte des Brötchens bedecken.

Burger „Fromage & Poire"

Zutaten für einen Burger

125 g Rinderhackfleisch
1 Baguettebrötchen
3 Birnenscheiben
3 Blätter Radicchio
4 Scheiben Roquefort
1 TL Rohrohrzucker
50 ml Birnensaft
1 EL Pflanzenöl
2 EL Mayonnaise
Salz und Pfeffer

Zubereitung

Das Hackfleisch mit Salz und Pfeffer abschmecken und zu einem länglichen Patty formen. Das Patty in einer beschichteten Pfanne von beiden Seiten braten.

Währenddessen die Birnenscheiben zusammen mit dem Öl in einem kleinen Topf anbraten, mit dem Zucker bestäuben und mit dem Saft ablöschen. Im Topf köcheln lassen, bis die Flüssigkeit eingekocht ist. Nun das Brötchen aufschneiden, aufbacken und mit der Mayonnaise bestreichen. Dann mit Radicchio, dem Patty, den karamellisierten Birnen und dem Roquefort belegen und mit der Oberhälfte des Brötchens bedecken.

Tapas-Burger

Zutaten für einen Burger

125 g Rinderhackfleisch
1 Burgerbrötchen
4 Datteln (getrocknet)
3 Scheiben Speck
3 Scheiben Ziegenkäse
2 Blätter Frisée-Salat
2 EL Ketchup
Salz und Pfeffer

Zubereitung

Das Hackfleisch mit Salz und Pfeffer würzen und zu einem Patty formen. Anschließend in einer beschichteten Pfanne von beiden Seiten braten. Den Speck in einer weiteren Pfanne braten und kurz bevor er kross wird entfernen. Die Datteln halbieren und in der Pfanne kurz erwärmen.

Das Burgerbrötchen aufschneiden, aufbacken und die Unterhälfte mit dem Ketchup bestreichen und den Salat darauf verteilen. Das Patty mit dem Ziegenkäse belegen und auf den Salat geben. Dann mit den warmen Datteln und dem Speck belegen und schließlich mit der Oberhälfte des Brötchens bedecken.

Chili-Cheeseburger

Zutaten für einen Burger

125 g Rinderhackfleisch
1 Burgerbrötchen
8 eingelegte Jalapeñoscheiben
1 Scheibe Chester
3 EL Chili-Cheese-Sauce
Salz und Pfeffer

Zubereitung

Das Rinderhackfleisch mit Salz und Pfeffer würzen und zu einem Patty formen. Nun das Patty in einer beschichteten Pfanne von beiden Seiten braten. Kurz vor Ende der Garzeit den Chester auf das Patty geben und anschmelzen lassen.

Das Burgerbrötchen aufschneiden, aufbacken und die Chili-Cheese-Sauce auf die Unterseite geben. Nun das überbackene Patty auf die Sauce legen und die Jalapeñoscheiben darauf verteilen. Mit der Oberseite des Brötchens bedecken.

Exkurs: Burger Buns

Zutaten

230 ml Milch
500 g Mehl Typ 405
40 g Zucker
10 g Salz
1/2 Würfel frische Hefe
30 g Sesamsaat, geschält
40 g weiche Butter
3 EL Milch
1 Ei

Zubereitung

Die Milch auf 37 Grad erwärmen. Die exakte Temperatur ist entscheidend für das Gelingen des Rezepts. Die Hefe in die warme Milch bröseln und rühren, sodass sie sich gut auflöst. Das Ei (Zimmertemperatur) mit dem Zucker schaumig schlagen und gemeinsam und dem Salz zur Milch geben. Nun das Mehl in die Flüssigkeit einstreuen und mit Küchenmaschine oder Handrührgerät etwa 5 Minuten verkneten, bis der Teig eine homogene Masse wird. Sanft zu einer Kugel formen und in einem Gefäß an einem warmen Ort mit einem feuchten Handtuch bedeckt etwa zwei Stunden gehen lassen. Anschließend in acht gleich große Teile trennen und rund wirken. Das sorgfältige Rundwirken ist wichtig, damit die Buns später auf der Oberseite keine Risse bekommen. Nun die Rohlinge mit der Milch bestreichen und mit der Sesamsaat bestreuen. Auf ein Blech mit Backpapier geben, mit Frischhaltefolie bedecken und nochmal eine gute halbe Stunde gehen lassen. Anschließend in dem auf 180° C vorgeheizten Backofen bei Umluft für etwa 15 Minuten backen.

Low-Carb-Burger

Zutaten für einen Burger

200 g Rinderhackfleisch
2 Blätter Radicchio
3 Blätter Kopfsalat
2 Tomatenscheiben
8 Jalapeñoscheiben
1/2 Handvoll Sprossen
etwas Kresse
2 EL Salatcreme
Salz und Pfeffer

Zubereitung

Das Hackfleisch mit Salz und Pfeffer würzen und zu einem Patty formen. Dann in einer beschichteten Pfanne von beiden Seiten anbraten, aus der Pfanne nehmen, aufschneiden und auf den Schnittflächen nochmal kurz anbraten.

Die untere Pattyhälfte mit der Salatcreme bestreichen und mit den Salaten, Sprossen, Tomatenscheiben, Jalapeñoscheiben und der Kresse belegen. Schließlich die obere Pattyhälfte darauf legen.

Hamburger „Koh Samui"

Zutaten für einen Burger

125 g Rinderhackfleisch
1 Burgerbrötchen
1 Tomatenscheibe
1 EL Mayonnaise
1 TL gehackte Chili
1 TL Limettensaft
1 TL Zitronengras (gerieben)
Salz und Pfeffer

Zubereitung

Das Hackfleisch mit Salz und Pfeffer würzen und zu einem Patty formen. Anschließend in einer beschichteten Pfanne von beiden Seiten gut durchbraten. Die Mayonnaise mit dem Zitronengras, dem Limettensaft und der gehackten Chili mischen und mit Salz abschmecken. Das Burgerbrötchen aufschneiden und aufbacken. Die Unterseite des Brötchens mit der Thai-Mayonnaise bestreichen. Das Patty darauf geben, mit der Tomate belegen und mit der Oberhälfte des Brötchens bedecken.

Spaghetti-Burger für Kids

Zutaten für einen Burger

100 g Rinderhackfleisch
50 g Spaghetti
1 EL Ketchup
1 Blatt Frisée-Salat
2 Eier
1 EL Öl
Salz und Pfeffer

Zubereitung

Die Eier schlagen und mit Salz und Pfeffer abschmecken. Die Spaghetti kochen. Das Öl in einer Pfanne erhitzen und eine runde Form (bspw. einen Servierring) hineingeben. Die Spaghetti in die Form geben, leicht andrücken und das Ei dazugeben. Bei niedriger Temperatur braten bis das Ei stockt. Das Spaghetti-Brötchen aus der Form lösen und aufschneiden. Das Hackfleisch mit Salz und Pfeffer würzen und zu einem Patty formen. Dann von beiden Seiten in einer beschichteten Pfanne braten. Die Unterhälfte des Brötchens mit dem Ketchup bestreichen, mit Salat und Patty belegen und mit der Oberhälfte bedecken.

Italian-Ciabatta-Burger

Zutaten für einen Burger

200 g Rinderhackfleisch
1 Ciabatta-Brötchen
40 g Parmesan
6 getrocknete Tomaten
12 Blätter Ruccola
2 EL Mayonnaise
Salz und Pfeffer

Zubereitung

Das Hackfleisch mit Salz und Pfeffer abschmecken und zu einem Patty formen. Das Patty in einer beschichteten Pfanne von beiden Seiten braten. Die getrockneten Tomaten in Streifen schneiden und den Parmesan hobeln.

Das Ciabatta-Brötchen aufschneiden und die Unterhälfte mit Mayonnaise bestreichen. Nun erst mit dem Ruccola, dann mit dem Patty belegen. Schließlich mit den getrockneten Tomaten und dem Parmesan bestreuen und mit der Oberhälfte des Brötchens bedecken.

Bacon-wrapped Burger

Zutaten für einen Burger

125 g Rinderhackfleisch
1 Burgerbrötchen
4 Scheiben Speck
2 Blätter Frisée-Salat
2 EL Ketchup
Salz und Pfeffer

Zubereitung

Das Hackfleisch mit Salz und Pfeffer würzen und zu einem Patty formen. Das Patty vollständig mit dem Speck umwickeln und anschließend in einer beschichteten Pfanne von beiden Seiten braten.

Das Burgerbrötchen aufschneiden, aufbacken und mit dem Ketchup bestreichen. Nun den grünen Salat und das Patty darauf geben. Anschließend mit der Oberhälfte des Brötchens bedecken.

Manchego y Chorizzo

Zutaten für einen Burger

125 g Rinderhackfleisch
1 Burgerbrötchen
3 eingelegte gegrillte Paprika
5 Scheiben Chorizzo
1 Scheibe Manchego
2 EL Aioli
Salz und Pfeffer

Zubereitung

Das Rinderhackfleisch mit Salz und Pfeffer würzen und zu einem Patty formen. Das Patty in einer beschichteten Pfanne von beiden Seiten braten. Kurz vor Ende der Garzeit das Patty mit dem Manchego belegen und diesen leicht schmelzen lassen. Die Chorizzo ebenfalls kurz anbraten. Das Burgerbrötchen aufschneiden und aufbacken. Nun die Unterhälfte des Brötchens mit der Aioli bestreichen. Die gebratene Chorizzo, das Patty und die gegrillte Paprika darauf legen und mit der Oberhälfte des Brötchens bedecken.

Wildburger

Zutaten für einen Burger

125 g Wildhackfleisch
1 Roggenbrötchen
6 geputzte Pfifferlinge
2 EL Preiselbeeren
1 EL Ketchup
1 EL gehackte Petersilie
1 EL Sonnenblumenöl
Salz und Pfeffer

Zubereitung

Das Wildhackfleisch mit Salz und Pfeffer würzen und zu einem Patty formen. Nun das Patty in einer beschichteten Pfanne von beiden Seiten braten. Die Pfifferlinge mit dem Öl in einer Pfanne braten. Die Pilze vom Herd nehmen, mit Salz und Pfeffer würzen und mit der Petersilie mischen. Nun die Preiselbeeren mit dem Ketchup verrühren und auf der Unterhälfte des Brötchens verteilen. Das Wildpatty und die Pfifferlinge darauf geben und schließlich mit der Oberhälfte des Roggenbrötchens bedecken.

Exkurs: Burger-Saucen

Pattys sind das Herz, Buns das Gesicht, aber Saucen geben dem Burger seinen unverwechselbaren Charakter. Ob asiatisch, mediterran oder klassisch: Oft sind es kreative Saucenideen, die dem Burger den letzten Schliff verpassen.

Das Angebot an Saucen ist heute so groß, dass es droht, unübersichtlich zu werden. Unzählige Ketchups, Barbecue- und Cheese-Saucen locken den Burger-Fan.

Dabei ist die Zubereitung der verschiedenen Saucen alles andere als kompliziert und dem Kauf konventioneller Produkte in jedem Fall vorzuziehen. Während die Herstellung von Ketchup aus frischen Tomaten noch recht zeitintensiv ist, lassen sich Mayonnaise und Aioli in wenigen Minuten aufschlagen.

Einige Grundrezepte geben dem Burger-Fan dabei die Werkzeuge für kreative Burgerexperimente in die Hand und verführen zu neuen Gechmackserlebnissen.

Mayonnaise

Zutaten

50 ml Milch, 1,5 %
100 ml neutrales Öl
1/2 TL Dijon-Senf
1/2 TL Salz
1 TL Zitronensaft

Zubereitung

Alle Zutaten auf Zimmertemperatur bringen und in ein hohes Gefäß geben. Nun den ausgeschalteten Stabmixer bis auf den Gefäßboden in die Flüssigkeit eintauchen.

Den Stabmixer aktivieren und langsam nach oben ziehen. Dann wieder ausschalten und den Vorgang 3-5 Mal wiederholen, bis die gewünschte Konsistenz erreicht ist.

Chili-Cheese-Sauce

Zutaten

100 g Chester
50 ml Sahne
2 rote Chili-Schoten
2 grüne Chili-Schoten
1/2 TL Salz

Zubereitung

Die Chilischoten in kleine Stücke schneiden. In einem beschichteten Topf oder einer kleinen beschichteten Pfanne die Sahne langsam erhitzen. Nun den Chester klein schneiden und in die Sahne geben.

Langsam unter Rühren schmelzen lassen. Die Chilischoten hinzugeben und mit dem Salz würzen. Sollte die Sauce zu sehr eindicken, kann sie mit etwas Sahne wieder verlängert werden.

Ketchup

Zutaten

2 kg reife Tomaten
300 g Zwiebeln
80 g Zucker
1 TL Kreuzkümmel
1 TL Piment
1 TL Pfeffer
1 TL gemahlene Senfsaat
1 TL Ingwerpulver
2 TL Salz
1 EL Öl

Zubereitung

Die Tomaten waschen und in Würfel schneiden. Die Zwiebeln schälen und würfeln. Das Öl in einen großen Topf geben und die Zwiebeln darin anschwitzen. Dann die Tomatenwürfel hinzugeben. Bei mittlerer Hitze etwa 40-50 Minuten köcheln lassen.

Die gekochten Tomaten durch ein Sieb streichen und Flüssigkeit und Mark auffangen. Beides nun wieder in einen Topf geben. Mit dem Zucker und den Gewürzen bis zur gewünschten Konsistenz einkochen lassen.

Sweet-Chili-Sauce

Zutaten

150 ml warmes Wasser
50 ml Balsamico Bianco
80 g Zucker
2 rote Chili-Schoten
2 Knoblauchzehen
1 TL Salz
1 EL Speisestärke

Zubereitung

Den Knoblauch schälen und den Stiel der Chili entfernen. Nun Wasser, Balsamico, Zucker, Salz, Knoblauch und Chili in ein hohes Gefäß geben und mit dem Stabmixer zerkleinern.

Alles in einen Topf geben und kurz köcheln lassen. In einem anderen Gefäß die Stärke mit zwei EL Wasser anrühren. Dann in den Topf geben und mitköcheln lassen, bis die Stärke leicht abbindet.

Pesto Verde

Zutaten

2 Bund Basilikum
6-8 EL Olivenöl
50 g Pinienkerne
5 EL geriebener Parmesan
4 Knoblauchzehen
Salz

Zubereitung

Den Basilikum abbrausen und trocken tupfen. Die Knoblauchzehen schälen und halbieren. Nun die Pinienkerne in einer Pfanne vorsichtig anrösten.

Alle Zutaten mit Mixer oder Mörser zerkleinern. Anschließend mit dem Salz abschmecken und Olivenöl bis zur gewünschten Konsistenz hinzufügen.

Aioli

Zutaten

50 ml Milch, 1,5 %
100 ml neutrales Öl
1-2 Zehen Knoblauch
1/2 TL Salz

Zubereitung

Alle Zutaten auf Zimmertemperatur bringen. Die Knoblauchzehen schälen und pressen. Alle Zutaten in ein hohes Gefäß geben.

Den ausgeschalteten Stabmixer bis auf den Gefäßboden in die Flüssigkeit eintauchen.

Den Stabmixer aktivieren und langsam nach oben ziehen. Dann wieder ausschalten und den Vorgang 3-5 Mal wiederholen, bis die gewünschte Konsistenz erreicht wurde.

Register

Aioli	59	Ketchup	56
Asia Burger	13	Klassischer Cheeseburger	9
Bacon-wrapped Burger	47	Klassischer Hamburger	29
BLT-Burger	11	Low-Carb-Burger	39
Burger Buns	37	Manchego y Chorizzo	49
Burger „Fromage & Poire"	31	Mayonnaise	54
Calvados-Apfel-Burger	15	Mexican Style Burger	19
Chili-Cheeseburger	35	Oktoberfest Burger	21
Chili-Cheese-Sauce	55	Pesto Verde	58
Fitness-Burger	17	Spaghetti-Burger für Kids	43
Hamburger Hawaii	25	Sweet-Chili-Sauce	57
Hamburger „Koh Samui"	41	Tapas-Burger	33
Italian-Ciabatta-Burger	45	Wildburger	51
Italienischer Pesto-Burger	27		